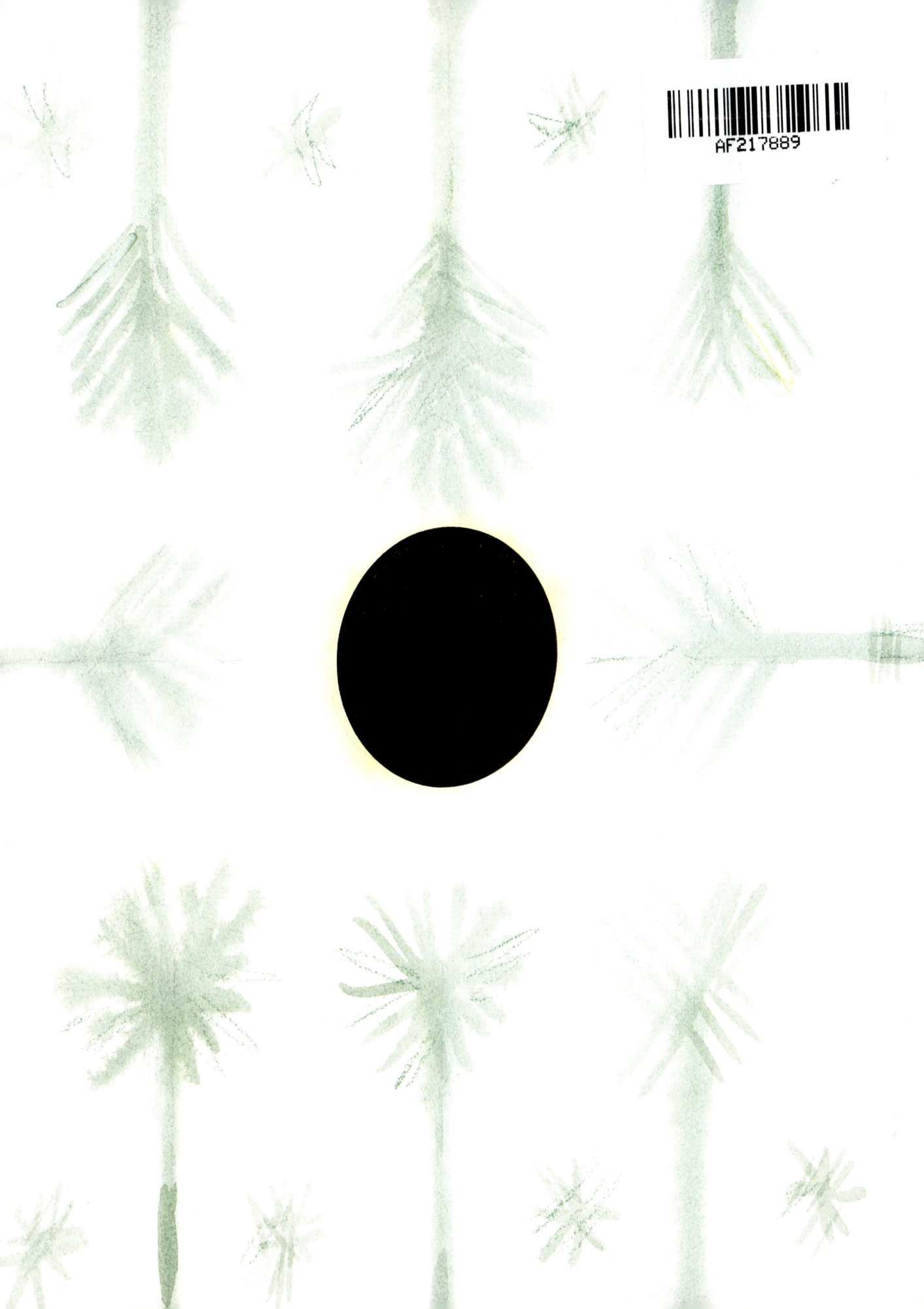

Bibliografische Information der Deutschen Nationalbibliothek
Die Deutsche Nationalbibliothek verzeichnet diese Publikation in der Deutschen Nationalbibliografie;
detaillierte bibliografische Daten sind im Internet über http://dnb.d-nb.de abrufbar.

3. Auflage, 2011
Copyright © 2003 by Gütersloher Verlagshaus, Gütersloh,
in der Verlagsgruppe Random House GmbH, München

Umschlaggestaltung: Annette Breitmoser, Gütersloh
Reproduktionen: Scanlight, Marienfeld
Druck und Einband: Print Consult GmbH
Printed in Slovac Republic
ISBN 978-3-579-06711-7

www.gtvh.de

Regine Schindler · Ivan Gantschev

Die Ostergeschichte

Neu erzählt von Regine Schindler

Gütersloher Verlagshaus

»Helft mir«, sagt der Ratsherr Josef zu seinen Dienern. »Ich habe den toten Jesus eingewickelt, wie es sich gehört. Jetzt will ich ihn ins Grab legen.«
Zwei Männer tragen den Toten mit Josef zur Felshöhle.
»Ein Felsengrab für diesen Mann, der wie ein Verbrecher gekreuzigt wurde? Für ihn ganz allein?«, fragt der eine. »Ein neues Grab, das noch nie gebraucht wurde?«, fragt der andere Diener. Josef nickt. »Pilatus hat es erlaubt, der mächtige Statthalter Pontius Pilatus. Und ich habe das Grab bezahlt. Beeilt euch, Männer. Es wird schon dunkel.«
Wo sind wohl Jesu Freunde, die ihm durchs ganze Land gefolgt sind? Keiner von ihnen ist bei ihm geblieben. Sie haben Angst, alle.
Doch da stehen Magdalena, Johanna und Maria, die Mutter des Jakobus. Auch andere Frauen. Sie alle sind Freundinnen Jesu. Sie weinen, weil Jesus getötet wurde. Sie schauen hinüber zur Felshöhle. »Er hat für Jesus ein Grab gekauft«, sagt Magdalena. »Ein guter Mann muss das sein.«

Die Frauen unterhalten sich über den Mann neben der Felshöhle:
»Er ist ein vornehmer jüdischer Ratsherr. Es ist Josef. Er kommt aus dem
Dorf Arimatäa.« Johanna flüstert: »Er hat den Toten ins Grab gelegt, aber
nicht eingerieben; das hätte ich gesehen. Hatte er wohl keine Salbe?«
Eine andere Frau fügt hinzu: »Er musste sich beeilen. Vor der Nacht müssen
die Toten begraben sein.«
»Kommt, Freundinnen«, sagt dann Magdalena, »wir gehen nach Hause, um
gut duftende Salben bereit zu machen. Nach dem Festtag wollen wir Jesus,
unseren Freund, salben.«

Ein schwerer Stein wird von vielen Männern vor das Felsengrab gerollt.
Es ist der Vorabend des Sabbat, des Ruhetags. Schon leuchtet der Abendstern.
Bald liegt die dunkle Nacht wie eine schwarze Decke über Jerusalem, auch
über dem Hügel mit dem Felsengrab.

Der Sabbattag ist vorbei. Wieder ist es Nacht geworden und ein neuer Morgen.

Nachdem sie einen Tag und eine Nacht geruht haben, kommen die Frauen zurück. Magdalena, Johanna und Maria. In Tongefäßen tragen sie die Salben, die sie zubereitet haben. Vorsichtig gehen sie, Schritt für Schritt.
»Jetzt wollen wir Jesus salben.« – »Bevor die Sonne aufgeht, wollen wir beim Grab sein.« – »Ob wir starke Männer finden, die uns den großen Stein wegrollen?«

Doch was ist geschehen? Magdalena stößt einen kleinen Schrei aus.
»Der Stein ist weg! Das Grab ist offen!«
Die Frauen bleiben stehen und staunen.
Nur Johanna ist vorausgeeilt. Schnell tritt sie in die Grabhöhle ein.
Jetzt winkt sie ihren Freundinnen zu. »Jesus, Jesus ...«, ruft sie.
Ihre Stimme zittert. »Jesus ist nicht mehr da! Kommt und seht!«

Alle Frauen sind ins leere Felsengrab getreten. Sie verstehen nichts mehr.
Wo ist Jesus? Sehen sie die zwei Männer nicht? Fremde Männer in weiß
strahlenden Gewändern? Woher sind sie gekommen?

Als Erste dreht sich Magdalena um. Sind die Männer Boten von Gott?
Dann wenden sich auch die andern Frauen hin zu den hellen Gestalten.
Sie neigen ihren Kopf. Johanna fällt auf die Knie.
Jetzt reden die beiden Männer:
»Warum sucht ihr Jesus im Grab? Das Grab ist für die Toten bestimmt.
Jesus aber ist lebendig geworden. Habt ihr vergessen, was Jesus euch sagte,
als ihr mit ihm durch Galiläa gewandert seid? Hat er euch nicht gesagt:
Ich werde leiden; dann werde ich ans Kreuz geschlagen wie ein Verbrecher;
und ich werde am dritten Tage wieder auferstehen? Alles ist so gekommen,
wie er es vorausgesagt hat. Es musste so kommen. Das wusstet ihr doch!«
Die Frauen hören genau zu.
Wie sie wieder aufblicken,
sind die Männer verschwunden.
Waren es wirklich Boten Gottes?
Waren es Engel?

Groß leuchtet jetzt die Sonne am Himmel. Die Frauen lachen und jubeln: »Jesus lebt!« Sie umarmen sich. Sie strecken ihre Arme der Sonne entgegen.

»Kommt doch, kommt schnell! Wir wollen es den Jüngern sagen! Wirklich: Alles hat Jesus vorausgesagt. Es musste so kommen.«

Und nochmals rufen sie: »Kommt schnell! Auch die Freunde Jesu sollen es wissen und sich mit uns freuen! Jesus lebt! Er ist nicht mehr tot. Jesus lebt!«

Vom Grabhügel eilen sie zur Stadt, durch ein großes Tor, mitten in die Gassen von Jerusalem.

Versteckt in einem Haus finden sie die elf Jünger Jesu.
Ängstliche Männer. Die Frauen rufen ihnen zu:
»Jesus lebt! Er ist nicht mehr tot!«
Aber die Männer können sich nicht freuen.
Sie glauben den Frauen nicht.
»Dummes Zeug, was ihr da redet!
Wir wissen doch: Jesus ist tot.
Geschwätz, Geschwätz, was ihr erzählt!«
Nur Simon Petrus horcht genauer hin. Er stutzt.
Und wenn es doch kein Geschwätz wäre?
Leise steht Petrus auf und schleicht aus dem Zimmer.

Simon Petrus macht sich auf den Weg. Durch die Gassen von Jerusalem.
Hinaus aus der Stadt, zu den Felsengräbern. Sein Herz klopft.
Ja, der Stein des Grabes ist weg! Petrus tritt ein und sieht:
Jesus ist wirklich nicht mehr da!
Die Tücher aber, in die der Tote eingewickelt war, liegen noch da.
Vorsichtig berührt Petrus den weißen Leinenstoff.
Was ist hier geschehen? Petrus wundert sich. Langsam kehrt
er in die Stadt zurück. Simon Petrus staunt und staunt.

Am selben Tage entfernen sich zwei Männer auf der staubigen Straße von
Jerusalem. Es ist heiß. Dennoch beeilen sie sich. Vor Einbruch der Nacht
möchten sie zu Hause sein, im Dorf Emmaus. Es liegt vier Wegstunden
entfernt. Dort wohnt Kleopas, einer der beiden Männer.
Immer wieder bleiben sie stehen. Sie atmen schwer und sprechen über alles,
was sie in Jerusalem gesehen und gehört haben.
»Ich dachte: Jesus wird uns befreien, er ist unser Retter«, sagt Kleopas.
Und sein Freund fährt fort: »Ja, und jetzt ist er am Kreuz gestorben.
Ich bin traurig. Ich kann das nicht verstehen.«

Während die beiden miteinander reden, kommt ein anderer Wanderer von hinten näher. Er geht mit den beiden Männern weiter. Sie kennen ihn nicht. Er aber sagt: »Ihr seid traurig, ich sehe es. Was habt ihr miteinander gesprochen?« Kleopas antwortet: »Weißt du als Einziger nicht, was in Jerusalem geschehen ist?« – »Was denn?«, fragt der Fremde, »erzählt!« Kleopas fährt fort: »Hast du nicht gehört, dass Jesus von Nazareth gekreuzigt wurde? Er war ein Prophet. Ja, er kam von Gott. Er erzählte von Gott. Er hat Armen und Kranken geholfen. Und jetzt ist er tot. Seit drei Tagen.« Kleopas seufzt und berichtet mit trauriger Stimme weiter: »Magdalena und andere Frauen gingen zu seinem Grab. Aber das Grab war leer. Der tote Jesus war nicht mehr da. Doch stell dir vor: Da waren plötzlich zwei Männer. Ihre Kleider leuchteten. Das waren Engel. Die Frauen, die wir gut kennen, haben es uns erzählt. Aber wir können es nicht verstehen.« Der fremde Mann unterbricht die beiden Freunde. »Habt ihr die alten Schriften nicht gelesen? Dort steht geschrieben: Jesus ist der Retter. Aber er muss leiden und sterben. Doch Gott wird ihn vom Tod erwecken. Er wird bei Gott sein. Ein neues Leben! Ein Geheimnis.« Kleopas und sein Begleiter schauen sich an. Kennt dieser Fremde die alten Schriften so genau?

Die drei Männer kommen im Dorf Emmaus an.
Es wird kühl. Die Sonne ist untergegangen.
»Willst du weitergehen?«, fragt Kleopas den fremden Mann.
»Schau, hier wohne ich. Komm doch mit in mein Haus,
bleibe bei uns. Bald ist die Nacht da.«
Alle drei Männer sind hungrig. Der gedeckte Tisch ist bereit.
Die Familie des Kleopas wartet.

Der fremde Gast sitzt mitten unter ihnen. Er nimmt das Brot. Er spricht das Tischgebet, als ob er der Familienvater wäre. Er dankt Gott für das Brot. Und er bricht das flache Brot entzwei, nochmals entzwei. Er verteilt es. »Nehmt und esst«, sagt er.

Alle schauen zu ihm hin. Plötzlich leuchten ihre Gesichter. Es ist, als ob sie andere Augen hätten. Neue Augen. Sie springen auf. Sie rufen: »Jesus, du bist Jesus!«

Doch was ist das? Der Platz, an dem der Fremde eben noch saß, ist leer. Jesus ist nicht mehr da. »Warum haben wir ihn nicht erkannt? Schon auf dem Weg von Jerusalem nach Emmaus wurden unsere Herzen warm, als er mit uns sprach. Wir waren nicht mehr traurig, als er bei uns war.«

Schnell stehen Kleopas und sein Freund auf. Sie werfen ihre warmen Reisemäntel um die Schultern. In der Dunkelheit eilen sie zurück nach Jerusalem. Sie wollen zu den Jüngern Jesu gehen, die sich in der Stadt versteckt halten. Die beiden Männer wollen erzählen, was sie gesehen und gehört haben. »Jesus war bei uns. Jesus lebt«, wollen sie sagen.

Auch von den Freunden Jesu, in der Stadt, hören sie: »Ja, Jesus ist wirklich auferweckt worden.«
Simon Petrus sagt: »Ich habe im leeren Grab die Tücher gesehen. Dann bin auch ich Jesus begegnet. Ja, Jesus lebt!«
Die zwei Männer, die aus Emmaus kommen, fügen hinzu: »Wir haben ihn beim Brotbrechen erkannt. Dann war er wieder verschwunden.«
Jetzt wissen es alle: Jesus ist auferweckt worden zu neuem Leben. Jesus ist bei uns. Für immer.

Ostern nach Lukas – Nachwort

Ohne das Bekenntnis zu Christus als dem Herrn wäre das Christentum als Glaubensgemeinschaft nicht entstanden. Dieses Osterbekenntnis ist älter als alle biblischen Ostergeschichten, erst recht älter als alle Erzählungen von der Geburt Jesu.

Da die Erzählungen von Jesu Auferstehung nachträglich aufgeschrieben wurden, um den Osterglauben verständlich zu machen, erzählen die vier Evangelisten unterschiedlich vom Ostergeschehen. Sie haben je ihren eigenen Stil; sie haben unterschiedliche Berichte gehört und gesammelt. Sie ermöglichen auf verschiedene Weise eine Begegnung mit dem Ursprung des Christenglaubens.

Unserem Buch liegt die Erzählung des Lukas, des dritten Evangelisten, zugrunde. Seine Art des Erzählens, aber auch sein »Sondergut«, jene Teile also, die nur bei ihm stehen, erscheinen uns im Hinblick auf eine kindgemäße Nacherzählung und Darstellung besonders geeignet. Vielleicht kennen die Kinder den Erzähler Lukas als Verfasser der bekanntesten biblischen Weihnachtsgeschichte. Am Anfang unseres Buches sehen sie diesen Schreiber auch im Bild: Es wird dadurch gezeigt, dass er »auch nur ein Mensch« ist, der diese Erlebnisse nach bestem Wissen aufzeichnet, so wie wir mit diesem Buch ein Nacherleben der gleichen Botschaft in Bild und Text anregen möchten.

Im Lukas-Evangelium spielt sich die ganze Geschichte in Jerusalem oder der näheren Umgebung ab, in der großen jüdischen Stadt, deren Bräuche selbstverständlich »mitspielen«: Nach jüdischem Brauch wird der Jude Jesus bestattet; ein jüdischer Ratsherr übernimmt dafür die Verantwortung. Nach jüdischem Brauch werden die Sabbatgebote berücksichtigt: Beim Dunkelwerden am Vorabend des Sabbat ruht alle Arbeit. Kreuzigung und Tod Jesu sind vorbei, müssen aber – knapp und für Kinder schonend – am Anfang erwähnt werden, um das Wunder der Auferstehung und die Reaktion aller Beteiligten verständlich zu machen.

Doch die Ostergeschichte nach Lukas ist nicht nur eine Jerusalem-Geschichte. Sie besteht aus eindrücklichen Teil-Erzählungen, die, mit Ausnahme der Grablegung Jesu, alle am selben Tag spielen. Es geht um Einzelschicksale, die anschaulich wirken, schon darum, weil die »Mitspieler« beim Namen genannt werden: Der Ratsherr heißt Josef; er stammt aus dem Dorf Arimatäa. Von den Frauen – man muss sich eine ganze Gruppe vorstellen – haben drei einen Namen und werden schon dadurch gekennzeichnet: Maria aus Magdala (Magdalena), Johanna und Maria, die Mutter des Jakobus; die letztere kann man sich als etwas ältere Frau vorstellen. Von den Jüngern wird vor allem Petrus namentlich erwähnt. Er löst sich von den andern, zweifelnden Aposteln, um dem »Geschwätz« der Frauen nachzugehen. Alleine besucht er das leere Grab – und staunt.

Mit der recht ausführlich erzählten »Emmausgeschichte« fügt Lukas ein besonders plastisches Einzelschicksal bei: Kleopas und sein Freund wandern mit Jesus von Jerusalem in ihr Heimatdorf, um kurz darauf – erst jetzt haben sie Jesus erkannt – wieder nach Jerusalem zurückzukehren. Aus Verzweifelten werden »Ostergläubige«, die mit ihrer Begeisterung anstecken. Ihre Augen sind beim Brotbrechen Jesu aufgegangen. Dadurch wird ein besonderer, doppelter Bezug hergestellt: Jesu Leben und sein letztes Mahl vor dem Tod werden lebendig; gleichzeitig werden wir an das Abendmahl oder die Messe erinnert.

Am Schluss der Erzählung nach Lukas (Kap. 23, 50 bis Kap. 24, 35) hat sich die Ungewissheit der Jünger, auch das Staunen des Petrus gewandelt. Jetzt sind sie sicher: »Jesus ist auferweckt worden. Jesus lebt.« Die Menschen sind getragen von der Gewissheit, dass es nach Jesu Tod weitergeht – nicht nur für ihren Meister, sondern für alle.

Regine Schindler